Printed in Poland
by Amazon Fulfillment
Poland Sp. z o.o., Wrocław

59166121R00063